EXPOSÉ DES TITRES

ET DES

TRAVAUX SCIENTIFIQUES

De M. P.-L KIENER,

MÉDECIN PRINCIPAL DE L'ARMÉE.

I.

Fonctions et Enseignement

M. Kiener, reçu Docteur en médecine par la Faculté de Strasbourg en 1866, a été nommé médecin Aide-Major de 2e classe en décembre 1867 et médecin Principal de 2e classe en novembre 1884. Depuis l'année 1867 jusqu'à ce jour, c'est-à-dire durant une période de dix-neuf années, il a été employé dans les services hospitaliers, savoir : comme Aide-Major aux Hôpitaux de Lyon, comme répétiteur à l'École de Strasbourg-Montpellier, comme médecin en chef ou médecin traitant dans les Hôpitaux de la province de Constantine, comme Professeur Agrégé au Val-de-Grâce, comme Médecin en Chef des salles militaires des Hôpitaux de Montpellier.

Il a pu consacrer plus de sept années de sa carrière militaire à l'enseignement dans des emplois obtenus au concours, à savoir:

1° Du 15 juin 1870 au 25 novembre 1872, comme répétiteur de médecine à l'École du service de Santé militaire de Strasbourg. Lorsque cette École eut été transférée près la Faculté de Montpellier, celle-ci voulut bien autoriser M. Kiener à faire, dans ses locaux, des leçons publiques sur les *Processus morbides*.

2. Du 15 novembre 1878 au 1er avril 1884, comme Professeur Agrégé à l'École d'application du Val-de-Grâce. En cette qualité, M. Kiener a été chargé : 1° de conférences de clinique interne ; 2° de la direction du Laboratoire d'histologie et de l'enseignement de l'histologie pathologique.

EXPOSÉ DES TITRES

ET DES

TRAVAUX SCIENTIFIQUES

DE

M. P.-L. KIENER

MÉDECIN PRINCIPAL DE L'ARMÉE

CANDIDAT A LA CHAIRE D'HISTOLOGIE NORMALE ET PATHOLOGIQUE

VACANTE A LA FACULTÉ DE MÉDECINE DE MONTPELLIER.

MONTPELLIER

TYPOGRAPHIE ET LITHOGRAPHIE DE BOEHM ET FILS

ÉDITEURS DU MONTPELLIER MÉDICAL,

IMPRIMEURS DE LA GAZETTE HEBDOMADAIRE DES SCIENCES MÉDICALES.

1887.

II.

Sociétés savantes. — Décorations. — Médailles.

M. Kiener a été nommé membre de la Société de Médecine publique et d'Hygiène en 1877.

Membre de la Société médicale des Hôpitaux de Paris en 1883.

Membre de l'Académie des Sciences et Lettres de Montpellier en 1885.

Il a obtenu le 1er prix de Thèses (médaille d'argent) en 1866 pour sa Thèse, intitulée : *Essai physiologique sur la Polyurie.*

Il a été nommé officier d'Académie en 1882 et chevalier de la Légion d'Honneur en 1883.

III.

Travaux et Publications scientifiques.

ANATOMIE PATHOLOGIQUE DU FOIE.

1. Contribution à l'histoire de l'Adénome du Foie.

(*Arch. de Phys. norm. et pathol.*, 1876.) — En collaboration avec M. Kelsch.

Ce travail a définitivement établi la structure d'une lésion hépatique dont un seul exemple était jusqu'alors connu dans la science ; il a montré que le tissu du foie, dans ses néoformations pathologiques, reproduit la structure des glandes tubulées.

2. Note sur la néoformation des Canalicules biliaires dans l'Hépatite.

(*Arch. de Phys. norm. et pathol.*, 1876.) — En collaboration avec M. Kelsch.

Cette Note a donné la solution d'une question vivement débattue, à savoir : la signification des réseaux canaliculés à petites cellules qui se substituent au tissu hépatique dans toutes les variétés de la cirrhose. Ces canalicules ne sont autre chose que des trabécules hépatiques atrophiés et transformés en conduits excréteurs ; l'inflammation, comme un réactif physiologique, met en évidence l'élément tubulé constitutif de la glande, méconnaissable à l'état normal.

Au sujet de ce travail, MM. Hanot et Schachmann s'expriment ainsi dans les *Archives de Physiologie*, année 1887, n° 1 : « L'opinion de Kiener et Kelsch fut bientôt adoptée par M. Charcot dans un savant Mémoire. Brieger se prononça également en faveur de l'opinion de Kiener et Kelsch, en ce qui concerne l'hépatite interstitielle, admettant d'ailleurs que les canalicules reconnaissent des modes de développement variables. »

3. Affections paludéennes du Foie; les Hyperémies phlegmasiques et l'Hépatite parenchymateuse.

(*Arch. de Phys. norm. et pathol.*, 1878.) — En collaboration avec M. Kelsch.

Sous le nom d'hépatite, on ne connaissait guère que les cirrhoses. Ce travail a établi l'existence, jusqu'alors contestée, et montré la fréquence de l'hépatite parenchymateuse, processus caractérisé par la prolifération des cellules hépatiques. — L'hépatite parenchymateuse, dans les premiers stades de la malaria, se présente sous deux formes : elle est diffuse ou disséminée en foyers miliaires.

4. Affections paludéennes du Foie. L'Hépatite parenchymateuse chronique ou nodulaire.

(*Arch. de Phys. norm. et pathol.*, 1879.) — En collaboration avec M. Kelsch.

Cette forme de l'hépatite parenchymateuse correspond aux stades plus avancés de l'altération paludéenne du foie. Elle est caractérisée par des nodosités volumineuses, présentant une disposition centrifuge de leurs éléments dite évolution nodulaire, et aboutissant à la nécrose ; le type le plus parfait de ces nodules est réalisé par l'adénome du foie décrit dans le Mémoire n° 1.

Les conclusions de ce travail et du précédent ont été bientôt confirmées par d'autres observateurs (voir notamment : Sabourin in *Arch. de Phys.*, 1880), qui ont retrouvé les mêmes lésions dans des hépatites de causes diverses.

ANATOMIE PATHOLOGIQUE DU REIN.

1. **Le Rein palustre.**

(*Comptes rendus de la Soc. de Biologie*, 15 juillet 1877, *et Tribune médicale*, 26 août et 2 septembre 1877.)

2. **Des conditions Anatomiques de la maladie de Bright.**

(*Comptes rendus de la Soc. de Biologie*, 1er août 1877, et *Tribune médicale*, décembre 1877.)

Dans ces deux communications, M. Kiener a donné la première esquisse du processus de l'affection paludéenne considéré comme dérivant d'une altération primitive du globule sanguin. Dans une première période, le rein est hypertrophié et hyperémié ; les tubuli contorti et les glomérules sont obstrués par les débris des globules altérés. Dans une deuxième période, se développent chez quelques sujets, dans l'organe ainsi congestionné et irrité, les lésions caractéristiques de la maladie de Bright. Dans une troisième période, correspondant à la cachexie paludéenne, le rein, longtemps troublé dans sa nutrition, s'atrophie ; ce rein est souvent marbré de taches brunes, dues à des dépôts pigmentaires qu'il n'a pu éliminer.

3. **Sur la sécrétion muqueuse et la formation des Moules dans les tubuli du Rein, à l'état normal et à l'état pathologique.**

(*Comptes rendus de la Soc. de Biologie*, 13 novembre 1880, et *Gaz. méd. de Paris*, 4 décembre 1880.)— En collaboration avec M. Kelsch.

Dans cette Note, la formation des boules hyalines et des moules urinifères qu'on rencontre dans toutes les variétés de néphrites est présentée comme un phénomène indépendant de l'albuminurie, et résultant d'une irritation sécrétoire de l'épithélium, sous l'influence des excitations les plus faibles et dans les conditions pathologiques les plus variées ; cette formation est même normale chez l'embryon dans le corps de Wolff.

4. Altérations paludéennes du Rein. La Néphrite paludéenne aiguë et chronique.

(*Arch. de Phys. norm. et pathol.*, 1882.) — En collaboration avec M. Kelsch.

Ce Mémoire développe et complète les propositions émises dans les précédentes publications relatives à l'Anatomie pathologique du rein. Si plusieurs de ces propositions ont été l'objet de critiques bien fondées (voir Cornil et Brault, dans leur livre intitulé *Pathologie du rein*), d'autres peuvent être considérées comme acquises. Notamment les altérations que détermine dans la glande le passage de l'hémoglobine à travers le filtre rénal sont décrites pour la première fois avec précision. Les recherches postérieures de Lebedeff (*Archiv. de Virchow*, 1883) et d'Afanassiew (1884) sur les altérations du rein dans l'hémoglobinurie ont confirmé de tous points cette description.

ÉTUDES SUR LA TUBERCULOSE.

1. **Examen des recherches expérimentales sur la Tuberculose.**

(Lyon, 1868). — En collaboration avec M. Christôt.

Ce travail a été reproduit par le *Journal de Médecine vétérinaire militaire,* 1868.

2. **Note sur la Périostite tuberculeuse.**

Cette Note, insérée dans un Mémoire de M. Charvot sur la *Périostite externe chronique* (*Gaz. hebd. de Méd. et de Chirur.*, novembre 1879), a montré la nature tuberculeuse des abcès froids du périoste, non soupçonnée jusqu'alors.

3. **Sur la structure, le développement et la signification pathologique du Tubercule.**

(*Comptes rendus de l'Académie des Sciences*, janvier 1880.) — En collaboration avec M. Poulet.

Cette Note présente la granulation tuberculeuse comme un renflement nodulaire de la paroi des vaisseaux sanguins dans le tissu conjonctif, et des conduits tubulés dans les glandes.

4. **De la Tuberculose des Séreuses.**

(*Comptes rendus de la Société de Biologie*, février 1880.)

Cette communication eut pour objet de montrer que, dans les séreuses, la granulation tuberculeuse commence par le développement d'un réseau vaso-formatif, sans connexion avec la circulation générale, et que les cellules géantes résultent de la dégénération vitreuse des cellules vaso-formatives.

Au sujet de ce travail, M. Malassez, dans une communication faite à la Société de Biologie le 28 février de la même année, s'exprime ainsi :

« M. Kiener m'a fait la gracieuseté de me montrer en détail ses préparations de séreuses tuberculeuses ; et, quoique n'adoptant pas toutes ses conclusions, je ne puis que confirmer les faits qu'il nous a exposés, faits très intéressants et dont plusieurs constituent une véritable découverte. »

5. **De la Tuberculose dans les Séreuses chez l'homme et chez les animaux inoculés.**

(*Arch. de Phys. norm., et pathol.*, 1880.)

Ce Mémoire développe et complète les propositions émises dans les précédentes publications de l'auteur sur le même sujet.

6. **De la Tuberculose et des Affections dites scrofuleuses qui doivent y être rattachées.**

(Communication à la *Soc. méd. des Hôpitaux*, février 1881.)

Cette communication, intervenue au cours de la discussion mémorable qui eut lieu à la Société médicale des Hôpitaux, dans l'hiver 1880-1881, sur les rapports de la scrofule et de la tuberculose, fut accueillie favorablement par la Société et a peut-être contribué au mouvement d'opinion qui a rattaché à la tuberculose un grand nombre d'affections réputées scrofuleuses. Elle eut pour objet de montrer, par des arguments déduits de la clinique, de l'anatomie pathologique et de l'expérimentation, que les caries osseuses, les tumeurs blanches, les abcès froids du périoste et du tissu cellulaire, les épididymites et adénites caséeuses, les gommes scrofuleuses de la peau et peut-être le lupus, ne sont autre chose que des tuberculoses localisées.

7° Des rapports de l'Inflammation avec le Tubercule.

(Communication à la *Société médicale des Hôpitaux*, 26 janvier 1883).

Cette communication eut pour objet de montrer que le bacille tuberculeux ne développe pas par lui-même l'inflammation, et que l'inflammation, si souvent liée au tubercule, est une complication dépendant d'une cause le plus souvent parasitaire et différente du bacille tuberculeux. Tantôt le tubercule est initial et favorise le développement de processus inflammatoires secondaires dans certaines conditions d'infériorité de l'organisme. Tantôt et plus souvent l'inflammation est primitive et dispose le terrain organique à l'ensemencement du tubercule.

PATHOLOGIE DU TISSU OSSEUX ET DU CARTILAGE.

---

1. De l'Ostéo-périostite tuberculeuse chronique ou Carie des Os.

(*Archives de Phys. norm. et pathol.*) — En collaboration avec M. Poulet.

La nature tuberculeuse de la carie osseuse était déjà connue par les travaux de Volkmann, de Kœnig et de Lannelongue. Dans le présent Mémoire, les auteurs ont étudié minutieusement l'évolution du tubercule dans l'os et le périoste, en ont décrit les différentes formes anatomiques et se sont attachés à préciser la signification des lésions complexes que le tubercule détermine dans le tissu osseux.

Dans sa Thèse d'Agrégation sur la Carie osseuse, M. Nélaton a adopté les principales conclusions de ce travail et en a complété la démonstration à l'aide d'excellentes figures dessinées d'après les préparations de la collection du Val-de-Grâce.

M. Kiener a fait en outre, en partie avec la collaboration de M. Poulet, des recherches expérimentales sur l'inflammation et sur la régénération du tissu osseux et du cartilage, et exposé les résultats de ses recherches dans son enseignement au Val-de-Grâce. MM. Poulet et Bousquet ont fait à ces leçons un large emprunt pour la rédaction des chapitres relatifs à la pathologie du système osseux de leur *Traité de Pathologie externe*.

ÉTUDES SUR LA DYSENTERIE.

1. **Étude anatomo-pathologique de la Dysenterie et recherches sur les Nécroses expérimentales de la Muqueuse intestinale.**

(*Arch. de Phys. normale et pathol.*, 1884.)— En collaboration avec M. Kelsch.

La première partie de ce travail est consacrée à l'étude des lésions intestinales de la Dysenterie, qui consistent en eschares, se rapportant à l'un ou à l'autre des deux modes de la nécrose, la nécrose dite de coagulation et la gangrène. Dans la deuxième partie, les auteurs ont montré que l'on peut produire expérimentalement dans la muqueuse intestinale l'une ou l'autre de ces deux formes de la nécrose par l'action d'un même agent caustique, l'ammoniaque, suivant que l'action caustique est superficielle ou pénètre jusqu'à la couche vasculaire de la sous-muqueuse.

2. **Étude anatomo-pathologique des Abcès dysentériques du Foie.**

(*Arch. de Phys. normale et pathol.*, 1884.)— En collaboration avec M. Kelsch.

La relation qui existe entre l'hépatite suppurée des pays chauds et la dysenterie a été interprétée de différentes façons. Quelques auteurs ont nié cette relation et ont pensé que le développement de l'abcès du foie chez les dysentériques était une simple coïncidence; d'autres y ont vu une complication pyémique. Les auteurs du présent Mémoire ont montré que ces abcès ne sont pas le résultat d'une suppuration, comme les abcès pyémiques, mais qu'ils sont le produit d'une nécrose de coagulation du tissu hépatique, et sont de même nature que les eschares sèches de la dysenterie.

3. **Abcès dysentérique du Foie ouvert dans les Bronches ; diagnostic fondé sur l'examen microscopique du pus et confirmé par l'autopsie.**

(*Gaz. hebd. des Sciences méd. de Montpellier*, novembre 1886 et février 1887.)

Cette observation est un exemple de dysenterie chronique à ulcère solitaire, dans le cours de laquelle un abcès s'est formé dans le foie et s'est ouvert dans les bronches. L'abcès pulmonaire auquel le sujet a succombé présentait les mêmes caractères anatomiques que l'abcès du foie et consistait en une nécrose du tissu pulmonaire. L'identité des lésions de la dysenterie dans ses trois sièges, intestinal, hépatique et pulmonaire, est ainsi démontrée.

ANATOMIE PATHOLOGIQUE GÉNÉRALE.

1. **Des troubles morbides élémentaires : Nécrose, Inflammation, Néoplasies.**

(*Gaz. hebd. des Sciences méd. de Montpellier*, 1885.)

Dans ce travail, M. Kiener a montré que dans les altérations morbides ordinairement complexes des tissus, l'analyse permet de distinguer trois processus simples : la nécrose, l'inflammation et la néoplasie, et a cherché à préciser les conditions pathogéniques et étiologiques qui donnent naissance à chacun de ces troubles élémentaires.

ÉPIDÉMIOLOGIE.

1. **Du Choléra dans le département de l'Hérault en 1884.**

(Mémoire inédit.)

Ce travail, répondant à un désir exprimé par M. le général baron Berge, commandant le 16e corps d'armée, étudie la marche du choléra dans l'Hérault, ses portes d'entrée, ses modes de propagation, les conditions étiologiques générales et particulières à chaque cité qui ont été favorables ou défavorables à son extension. Il est accompagné de cartes, tracés graphiques et tableaux statistiques.

Le Mémoire a été communiqué au Comité consultatif d'Hygiène.

2. **Observations de Fièvre éphémère recueillies à l'hôpital Saint-Éloi.**

(Communication à la *Soc. méd. des Hôp.*, avril 1885.)

Cette communication a eu pour objet : 1° de montrer que les pyrexies désignées sous les noms de fièvre gastrique et embarras gastrique fébrile ne sont que les formes abortives de la fièvre typhoïde et ont une marche épidémique parallèle à celle de cette maladie ; 2° d'établir l'existence d'une pyrexie distincte de la fièvre typhoïde, à très courte évolution, à laquelle pourrait s'appliquer la dénomination de fièvre éphémère.

3. **Mémoire sur les Fièvres proportionnées, typhomalariennes.**

(Inédit; étude préparatoire pour le *Traité des Maladies des pays chauds*.)

PHYSIOLOGIE PATHOLOGIQUE.

1° **Essai sur la physiologie de la Polyurie.**

(Thèse de Strasbourg, 1866. Médaille d'argent.)

2. **De la présence des Bactéries et de la Leucocytose concomitante dans les affections farcino-morveuses.**

(*Comptes rendus de l'Acad. des Sciences*, 23 nov. 1868.) — En collaboration avec M. CHRISTÔT.

3. **Mémoire sur les Embolies capillaires.**

(*Journal de Méd. de Lyon*, oct. et nov. 1868.) — En collaboration avec M. CHRISTÔT.)

4. **Sur les Pigmentations pathologiques des Tissus et des Humeurs.**

(*Gaz. hebd. des Sc. méd. de Montpellier*, 1886.)

5. **Sur les altérations d'ordre hématique produites par le sulfure de Carbone.**

(*Comptes rendus de l'Acad. des Sciences*, août 1886.) — En collaboration avec M. ENGEL.

M. Schwalbe ayant annoncé (*Arch. de Virchow*, 1886) que l'empoisonnement par le sulfure de carbone produit chez le lapin une mélanémie semblable à la mélanémie paludéenne, les auteurs de cette Note ont montré que cette mélanémie n'existe pas, mais que le sulfure de carbone est réellement un agent destructeur des globules sanguins, et que les résidus de cette destruction globulaire se retrouvent dans la rate et dans la moelle osseuse sous la forme d'un pigment donnant les réactions chimiques de l'oxyde de fer.

TRAITÉ DES MALADIES DES PAYS CHAUDS.

En collaboration avec M. Kelsch.

Cet ouvrage est en cours d'impression chez J.-B. Baillière et Fils.

www.ingramcontent.com/pod-product-compliance
Ingram Content Group UK Ltd.
Pitfield, Milton Keynes, MK11 3LW, UK
UKHW020229180726
13838UKWH00005B/2287